이진홍 시집

꽃은 말하지 않는다

한국의 서정시 ❷

꽃은 말하지 않는다

이진홍 시집

Poems by Lee Jinheung

동학사

■ 자서

    해방둥이로 태어나 어느덧 팔순을 맞고 보니 긴 방학이 끝나 개학 날이 다가오는데 아직 숙제를 못한 아이처럼 마음이 불안합니다. 시집이라도 한 권 묶어볼까 하고 2016년에 펴낸 시집 [어디에도 없다] 이후에 쓴 시 중에서 60편을 골라 자유시, 산문시, 꿈시로 분류해서 각 20편씩, 그리고 대학 시절의 습작시 20편을 소환해서 총 80편을 4부로 나누어 정리했습니다만 이것도 마음에 들지 않습니다. 그리고 보니 버나드 쇼가 그의 묘비에 썼다는 "우물쭈물하다가 이럴 줄 알았다"는 말이 꼭 나의 심경을 말하는 것 같습니다.

이진흥 시집 _ 꽃은 말하지 않는다

차례

- 자서 5

1
나는 지금

빨강 아날로지 • 11
아프로디테 • 12
벽화(1) • 13
검은 꽃 • 14
융프라우 • 15
등산길에서 • 16
꽃은 말하지 않는다 • 17
이오가에서 • 18
신의 뜻 • 19
돌아보니 문득 • 20
아이에게는 • 21
강둑에서 • 22
나는 어디에 • 23
먼 그대 • 24
어떤 소식 • 25
눈부신 깃털 • 26
눈물 • 27
별빛 • 28
초승달 가을 • 29
나는 지금 • 30

2
행복은 내 안에

시인 • 33
말의 길 • 34
돌 • 35
낙엽을 보며 • 36
새벽에 누워 • 37
눈짓 • 38
그 여자 • 39
사과를 깎으면서 • 40
치과에서 • 41
낮달 • 42
미련 • 43
비밀 • 44
감꽃 목걸이 • 45
어둠 속에서 • 46
알 수 없는 일 • 47
행복은 내 안에 • 48
러브 앤 라이크 • 49
고백 • 50
지금 이 시각 • 51
여든산에서 • 52

3
꿈속의 잠깐

꿈속의 잠깐-3 古家 • 55
꿈속의 잠깐-4 이중섭 • 56
꿈속의 잠깐-5 데미안 • 57
꿈속의 잠깐-6 부엉이 • 58
꿈속의 잠깐-7 비밀 • 59
꿈속의 잠깐-8 꽃핀 • 60
꿈속의 잠깐-9 유리방 • 61
꿈속의 잠깐-10 하얀 손 • 62
꿈속의 잠깐-11 어떤 고백 • 63
꿈속의 잠깐-12 감태나무 지팡이 • 64
꿈속의 잠깐-13 워낭소리 • 65
꿈속의 잠깐-14 고양이 • 66
꿈속의 잠깐-15 박쥐 • 67
꿈속의 잠깐-16 승리 • 68
꿈속의 잠깐-17 면회 • 69
꿈속의 잠깐-18 비행 • 70
꿈속의 잠깐-19 거짓말 • 71
꿈속의 잠깐-20 죽은 자 • 72
꿈속의 잠깐-21 해결방안 • 73
꿈속의 잠깐-22 나르키소스 • 74

4
淸溪川

序詩 • 77
離別記 • 78
古木의 노래 • 79
淸溪川 • 82
외로운 말 • 84
새벽의 꽃봉오리 • 86
고요 • 87
못 가에서 • 88
반지 • 89
꽃, 종소리 • 90
그리움 • 92
그대의 刺繡 • 94
詩法 • 95
봄 축제 • 96
이미지(7) • 97
喫煙頌 • 98
니힐한 말 • 100
노을 • 102
H에게 • 103
自畫像 • 104

• 시인의 말 109

1
나는 지금

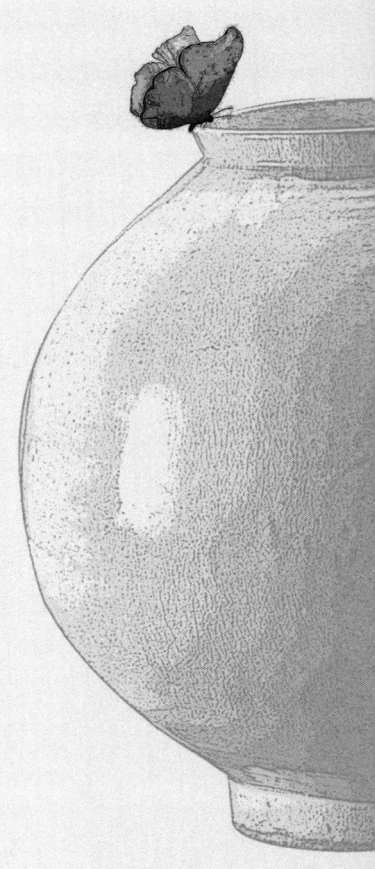

빨강 아날로지

저수지 건너 저쪽
빨간 지붕이
물속에서 거꾸로 흔들린다.

물에 비친 산의
능선 따라 날아가는 새의
날개에 묻은 놀빛

어디선가 쿵, 떨어지는
오래전의 빨간
사과 한 알.

아프로디테

십 년 전
올림포스 산그늘에서
잠깐 마주쳤던 눈빛
오늘 여기 오이산* 기슭에서
소나무 사이로 얼핏
그녀의 머리카락 스쳐간다.
금빛으로 반짝
숨이 막히던

---

* 필자의 시골집 뒷산(필자가 붙인 이름)

벽화(1)

내 마음 푸른 벽에
꽃 한 송이 피어 있다.

단단히 박힌 대못처럼
움직이지 않는다.

동짓달 긴 밤
어둠 속에서

나의 눈을 찌르는
치명적인 빨간 입술.

검은 꽃

검은 꽃을 본 적이 없다.
어둠 속에서 피어나는
찔레꽃 향기는 가혹하고
병실의 어둠에 저항하던
장미의 아침은 처연했다.
어머니 가시고
서쪽 하늘에 놀빛 스러지자
쥐똥나무 울타리 너머로
검은 새 한 마리 지나갔을 뿐
해마다 골티촌*엔
산수유에서 쑥부쟁이까지
유채색 꽃소식 들려오지만
검은 꽃을 본 적이 없다.

---

* 필자의 시골집 동네(필자가 붙인 이름)

융프라우*

멀리 구름 사이로 융프라우
그녀의 이마가 또렷이 보였는데
가슴 두근거리며 힘들게 찾아갔더니
이마는커녕 옷자락도 보이지 않는다.
멀리서는 보여도 다가가면 볼 수 없는
그녀는 그냥 눈부신 빛, 문득
가슴 골짜기에서 들리는 소리
그녀의 살결을 탐하지 마라
융프라우에는 융프라우가 없다.

---

* 융프라우(Jungfrau) : 스위스 알프스산맥의 고봉(4158m)

등산길에서

아름다운 여자는 위험하다.
눈매는 따뜻하고 부드럽지만
가슴속엔 은장도를 품고 있다.
날씬한 어깨는 가팔라서
감성의 지팡이가 미끄러지고
골짜기는 어둡고 위험해서
이성의 밧줄을 걸 곳이 없다.
입가엔 미소가 서려 있지만
어딘가 숨 막히는 긴장을
복병처럼 숨겨놓은 여자,
누구든지 무장을 해제해야
치맛자락을 살짝 들어
허락의 신호를 보여주지만
그러나 조심할 것! "아름다움은
두려움의 시작"*이라는 것을.

---

* [릴케의 제1비가]에서

꽃은 말하지 않는다

꽃은 말하지 않는다.
엷은 미소나 활짝 웃음으로
속마음을 감추고
스칠 듯 말 듯
향기를 펼치지만, 꽃은
소리 내어 말하지 않는다.
다만 봄이 오는 길목에서
날아온 한 마리 나비
꽃의 눈썹 위에 아찔하게
햇살 한 가닥 내려놓고 사라질 때
바람에 잠깐 자신을 맡겨
몸을 흔들 뿐, 꽃은
아무 말도 하지 않는다.

이오가*에서

뜨락에 꽃들 피어나니
자랑과 기쁨 출렁거리고
잠시 머물다가 떨어지니
한숨과 아쉬움 젖어든다.
세상일 모두 그냥 그렇게
잠깐 나타났다 사라지는 것
나는 홀로 뜨락에 앉아
담장 너머로 나풀나풀 날아가는
나비나 한 마리 바라보는
흐릿한 한 개 눈일 뿐
잠깐 떴다가 다시 감는,

---

* 필자의 시골집 당호

신의 뜻

숲속에서
여신의 몸을 훔쳐보면
눈이 멀고
요정들의 속삭임을 엿들으면
귀머거리 된다.
평생 한 번쯤 누릴까 말까 한
호사의 대가이다.
보여도 여신의 몸엔
눈을 감고
들려도 요정의 말엔
귀를 막아야 한다
이유는 묻지 말 것
낙원 한복판에 선악과를 심어둔
신의 뜻은
묻는 게 아니다.

돌아보니 문득

어느 날 느닷없이 거실로
작은 들새 한 마리가 날아들었다.
유리창에 부딪히고 벽에 미끄러지며
나갈 곳을 찾지 못해 파닥이다가
천장 모서리에 겨우 매달려 앉았다.
어서 나가라고 창문을 열어놓았지만
거실을 가로질러 날면서도 나가지 못하고
다시 모서리에 앉기를 몇 차례,
긴 막대기로 휘젓자 어찌어찌
열어놓은 창문 밖으로 날아갔다
사라지는 새의 꽁무니를 바라보다가
문득 거울 속 자신을 돌아보니 거기
쇠사슬에 묶여 꼼짝 못 하는
짐승 한 마리 처량하게 앉아 있다.
눈 부신 햇살 속 환한 대낮에,

아이에게는

소위 명품이라는 물건보다
주워 온 조개껍데기가 더 좋다.
나비넥타이를 매고
고급 호텔 식탁에 의젓하게 앉아
어른들 흉내를 내는 것보다
길거리에 서서 녹아내리는
아이스크림 핥아 먹는 게
훨씬 더 즐겁다
그렇다.
값진 도자기 화분에서
주인의 정성으로 자라는 분재보다
바람 부는 들판에서
벌레들에게 뜯기며 꽃대를 피워 올리는
야생화가 더 행복하듯이…

강둑에서

어스름 속에서
낮고 부드러운 소리가 들린다.
다가가 보니 둑 아래
키 큰 밤나무 가지 사이로 얼핏
하얀 팔꿈치가 보이고
무엇인가 강에 가라앉는다.
강물이 잠깐 출렁거리고
강을 따라 흰옷 입은 노인이
다리를 절며 걸어간다.
밤나무 가지가 흔들려 다시 보니
아무도 없다.
바람에 달맞이꽃이 몸을 흔들자
목이 긴 새 한 마리가
오이산 쪽으로 날아간다.

나는 어디에

나는 과수원 언덕에서
꽃구경하는 나를 바라본다.
과수원 언덕에서 꽃구경하는 나를
바라보는 나는 어디 있었나?
잠 깨어 잠깐 꿈 바깥에 나왔다가
다시 꿈속에 들어가 보니
꽃구경하는 내가 안개처럼 피어올라
과수원 언덕 위로 흩어지고 있다.
잠 깨어 다시 눈을 떠보니
나는 지금 여기 누워 있는데
꽃구경하다 안개처럼 피어올라
과수원 언덕 위로 흩어지던 나를
바라보던 나는 어디 있었나?

먼 그대

아메리카에 비가 오고
천둥 치는데
웬일로 우리 집 마당에
지렁이 한 마리 기어가고 있다.
그 힘겨운 동작 위로
아무 일 없다는 듯
나비도 한 마리 날아간다.
여기는 지금 햇살 쨍쨍한데
아득히 먼 거기
비가 오는 아메리카
당신은 무엇을 보고 있나.
나비는 담장 너머로 사라지고
지렁이가 기어간 자국
첫사랑의 고백처럼
서툴고 멀다.

어떤 소식

누이의 자수 속 꽃나무는
바람이 불어도 흔들리지 않고
꽃가지에 앉은 새는
십 년이 지나도 울지 않는데
꽃나무 그늘 속
시집간 누이가 남모르게
색실로 한 땀씩 새겨놓은
나만 알고 있는 이름의 첫 글자가
오늘 아침 젖어서 반짝인다.
웬일인가 가까이 살펴보니
바람도 없는데 꽃가지가 흔들리고
한 번도 울지 않던 새가 쫑긋
소식을 전해준다.
그가 갔다고, 누이의 그가
하늘로 훨훨 날아갔다고.

눈부신 깃털

그녀의 스윙은 부드럽다.
힘차게 쳐낸 예쁜 꿈이
무중력의 하늘로 솟아오르자
화면이 기울어지고
조그만 지구가 우주 밖으로 날아간다.
박수와 환호가 이어지면서
슬로비디오로 재생되는
부드러운 스윙 너머 어디에선가,
눈부신 깃털 하나가 날아와
그녀의 어깨 위에 살짝 내려앉는다.

눈물

오이산 쪽으로
새가 날아간다.
능선 위에 별빛이 젖어있다.
십 년 전,
그녀는 눈시울을 적셨다.
손수건을 건넸을 때
그녀의 좁은 어깨 뒤로
나비가 날아갔다.
그 후 어디에서도
눈물을 볼 수 없었는데
십 년이 지난 오늘
저기 오이산 위에서
별이 글썽인다.

별빛

마당을 나서는데
고라니가 돌아본다.
이상하다.
열아홉 무렵엔가 종로에서
처음 술을 마시고
갈之자로 걷다가 마주친 여자
눈에서 보았던 별빛이
오늘 우리 집 마당에 온
고라니 눈에서 보이다니,

초승달 가을

초저녁 서쪽 하늘에서
얼굴이 희고 핼쑥한 여자애가
울고 있다.
앞산 위에서 반짝이는 샛별이
무슨 슬픈 소식이라도 전했을까?
하늘은 텅 비어있고
11월의 찬 바람이 이마를 스친다.
강둑에 쑥부쟁이 보랏빛을 흔드는데
왜가리 한 마리가
놀빛 묻은 날개를 펴고
서쪽으로 날아가며 끼룩거린다.
세상은 그런 것이니 울지 말라고
괜찮다고…

나는 지금

저녁 강둑을 걷는데
뭔가 이상하다.
가만히 살펴보니
어둠 속 풀잎이 흔들리고
반딧불이 하나가 허공에
금 긋고 사라진다.
둑길은 조용하고 나뭇가지 잠잠한데
문득 들려오는 낯익은 음성,
나는 지금 이곳이 아니다*
왠지 목이 메어 고개 드니
강 건너 마을의 불빛 여전하고
세상은 그냥 그대로인데
먼 하늘에 보일 듯 말 듯
별 하나 물에 젖어 반짝인다.

---

* 문인수 시인의 시집 제목

2

행복은 내 안에

시인

　시를 한자로 쓰면 말의 사원*이지요. 사원은 인간과 신이 만나는 곳, 그러니까 시는 인간과 신이 만나는 집이네요. 그런데 인간은 죽음의 존재이고 신은 영원의 존재이니 시는 죽음이 영원을 만나는 집이군요. 그렇다면 시를 짓는 시인은 죽음의 칼로 영원의 나무를 베어 집을 짓는 목수가 아닌가요, 존재의 집을 짓는…

---

* 한자의 詩를 破字하여 言+寺로 읽음.

말의 길

태초에 말이 있었다는 요한의 기록을 중국어 성서는 태초에 길이 있었다고 번역한다. 그러니까 말은 길이다. 어느 시인은 "세상 모든 길은 집으로 간다"*고 썼다. 집은 일하고 돌아가 쉬는 곳인데 살다가 돌아가 영원히 쉬는 집은 무덤이다. 무덤은 죽음의 집, 그러니까 결국 말은 죽음으로 가는 길이다.

---

* 문인수 시집 『세상 모든 길은 집으로 간다』 문학아카데미, 1990.

돌

 환갑이 지나도록 나는 내가 돌인 것을 몰랐습니다. 돌은 언제나 내 앞에 놓인 대상일 뿐이었지요. 일흔을 넘어서니 어렴풋이 돌은 대상이 아니라 바로 나 자신임을 알았습니다. 그리고 오늘 아침 나는 돌이 슬그머니 구름을 타고 오이산 넘어가는 것을 보았습니다.

낙엽을 보며

　참 이상하다. 요즘에는 떨어지는 낙엽에 더 눈길이 간다. 피부가 해져서 검버섯 핀 얼굴로 뼈마디가 드러난 가지에서 손을 놓는…, 한 때 언 뺨을 녹여주던 봄의 입김과 가슴을 울리던 맑은 새소리 혹은 여름날의 우레와 벌레들이 남기고 간 이빨 자국 때문일까. 오후의 산책길에서 바라보니 어린 열매 가려주던 힘 다 풀고 이제 가을햇살 속으로 몸을 던지는 저 모습이 서쪽 하늘 물들이는 놀빛처럼 눈물겹다.

새벽에 누워

아내의 젖꼭지를 만지며 이 소중한 사람과 언젠가는 헤어질 죽음을 생각한다. 목이 뜨거워진다. 눈을 감으니 구름이 섞였다 흩어진다. 흩어지면 어디로 가나? 본래 없었으니 가는 곳도 없고 텅 빈 하늘뿐이라는 생각이 든다. 아내가 내 손을 밀어내고 일어난다. 나는 돌아누워 가만히 눈을 뜬다. 커튼 사이로 보이는 마당의 모과나무가 그냥 거기 그렇게 있다. 자세히 보니 젖꼭지의 감촉이 가지에 묻어서 글썽이고 있다.

눈짓

신들의 대화가 눈짓*이라면 연인들의 대화도 눈짓이다. 입말은 거짓이 가능해도 눈으로는 속일 수 없어 연인들은 말하지 않고 눈을 맞춘다. 석가가 말없이 연꽃을 들어 보이자 가섭이 눈 맞추고 미소하지 않았던가. 꽃이 소리 없이 미소 지으면 어디선가 나비가 날아오고, 당신이 밤하늘 바라보면 별이 깜빡이는 게 그 까닭이다.

---

* 횔덜린의 말

그 여자

　그 여름날 알함브라 궁전 기둥 사이로 사라지던 여자의 흑요석 빛 눈매를 떠올리니 그 다음해였나, 파르나소스 산그늘로 걸어가던 여자의 마늘쪽 같은 뒤꿈치도 아른거린다. 생각해보니 이십 년도 더 지난 그 장면들이 실제였는지 알 수가 없는 지금, 황강 너머로 날아가는 백로의 날갯짓에 너울너울 앞산 자락이 흔들리고 웬일인지 가슴이 저려온다.

사과를 깎으면서

 깨물어보면 안다. 말로는 할 수 없는 그것, 꼼짝없이 견디던 겨울의 칼바람과 쓰린 상처를 핥아주던 봄날의 햇살, 귀를 찢는 천둥에 하르르 몸을 떨던 어린 잎새들, 허리를 적시던 빗물과 목덜미를 간질이던 애벌레의 감촉, 땡볕을 가려주던 구름과 놀빛 속으로 날아가던 곤줄박이 행적…, 그 모든 기억을 모아 둥글게 빚어낸 그것을 어떻게 말할 수 있나, 눈 감고 한 입 깨물어본 사람만이 알 수 있는 우주의 비밀인 것을,

치과에서

　길바닥에 어린 새가 떨어져 있다. 다가가 만져보니 날갯죽지가 바르르 떤다. 날기 연습을 하다가 뭔가에 부딪친 모양이다. 저벅저벅 소리가 얼마나 무서웠을까. 가엾어 갓길 풀숲에 옮겨놓고 어미 새가 찾아오길 빌었다. 지나는 이들에겐 별것 아니겠지만 내 손바닥에 전해온 떨림이 예리한 통증으로 하루 종일 나의 왼쪽 어금니를 찌르고 있다.

낮달

 지금 바깥에 누가 온 모양이다. 커튼 사이로 내다보니 곤줄박이 한 마리 울타리에 앉아 쫑긋거리고, 모과나무 아래에선 고양이가 하품을 한다. 나가볼까 하다가 그만둔다. 누가 있거나 말거나 무슨 상관인가. 그런데 이상하다. 십 년 전 돈황에서 본 하얀 낮달이 오늘 우리 집 모과나무 가지 끝에 걸려 있다.

미련

　새나 물고기 어둠 속 번갯불은 지나가면 아무런 흔적을 남기지 않는데, 지상에 잠깐 왔다가는 사람들은 왜 그렇게 세상에 미련을 갖는지요. 많은 책을 쓰고 이름자를 새기며 깃발을 꽂아도 세월이 흘러 시간의 지우개가 지나고 나면 모두가 그만 아닌가요. 아 그런데 참 이상하지요. 이 세상 모든 게 사라진다고 생각하면서 왜 나는 오늘도 창가에 서서 당신의 뒷모습을 떠올리며 밤하늘의 별을 세고 있는지요.

비밀

　여덟 살 무렵 누나 책상에서 예쁜 그림엽서를 본 적이 있다. 푸른 호숫가에 담쟁이로 둘러싸인 빨간 이층집. 누나가 오지 않아 나는 숨죽이고 그림 안으로 들어갔다. 호수에는 백조가 두어 마리 떠다니고, 마당에는 금빛 마차가 서 있었다. 계단을 올라가 보니 문은 열려 있었지만 안은 어두워서 보이지 않았다. 나는 이층 창가에 얼굴이 하얀 여자애가 앉아 있을 것이라고 생각했다. 갑자기 바람이 불었던가? 창문이 열리더니 하얀 새가 날아가고 호수에 비친 이층집이 몹시 흔들렸다. 그때 누가 나를 부르는 소리가 들렸는데, 나는 돌아보지도 않고 얼른 그림 밖으로 나왔다. 나는 그것이 얼굴 하얀 여자애의 목소리라고 생각했지만 누나한테 말하지 않았고, 오십 년이 지나도록 다시는 그 소릴 듣지 못했다.

감꽃 목걸이

한동안 보이지 않던 예쁜 곤줄박이가 데크 난간에서 쫑긋거린다. 창문을 여니 힐끗 돌아보고 뜰앞 감나무에 옮겨 앉아 알 수 없는 소릴 남기고 날아간다. 문득 생각난다. 감나무 밑에서 모래로 밥을 지어 사금파리에 담아주던 그 애. 피난 갔던 사람들 돌아왔는데 그 애는 오지 않았다. 조금 전에 날아간 곤줄박이는 가끔 감나무에 날아오지만, 감꽃 목걸이 목에 걸고 소꿉상 차려주던 그 애는 날개도 없이 어디로 갔나.

어둠 속에서

 어둠 속에서 뭔가 움직인 것 같은데 조용하다. 울 밑에 세워둔 외발 수레와 납작 엎드린 호박 덩굴이 그대로 있다. 이상하다. 귀를 기울여도 바람 소리뿐이다. 가끔 텃밭에 찾아오던 예쁜 고라니가 요즘엔 보이지 않는다. 잠깐 눈을 감았다가 떠본다. 달빛이 출렁이는 마당 저쪽 감나무가 살짝 흔들린 듯하다. 숨죽여 바라보니 휘어진 가지 쪽 먼 하늘에서 별 하나가 글썽거리고 있다.

알 수 없는 일

낮잠에서 깨어보니 머리가 부수수하다. 자리에서 일어나 거울을 본다. 눈도 코도 입도 없는 얼굴이 마주 본다. 깜짝 놀라 물러서는데 갑자기 거울이 뿌옇게 흐려진다. 얼마나 지났을까? 눈을 떠보니 나는 얌전히 누워 있다. 일어나서 다시 거울을 본다. 얼굴이 멀쩡하다. 조금 전에 눈도 코도 입도 없던 그는 누구였나? 방안을 돌아보니 책상과 옷장, 벽에 걸린 양달석의 그림 모두 그대로 있다. 얼핏 무슨 소리가 들린다. 창밖에 누가 온 듯하다. 커튼 사이로 내다보니 후투티 한 마리가 울타리 쪽으로 날아간다.

행복은 내 안에

    열세 살짜리 손녀 노트 첫장에 '행복은 내 안에'라고 쓰여 있다. 행복은 잡을 수 없는 파랑새라는데 어린 것이 참 당돌하다. 파랑새를 찾아서 산 넘고 물 건너 멀리 갔다가 허탕 치고 지쳐서 돌아왔더니 그 새는 뜰앞 나뭇가지에 앉아있었다는 시구가 생각난다.
    문득 창밖에서 새소리가 들린다. 커튼 사이로 내다보니 곤줄박이가 난간에 앉아 햇살을 쪼고 있다. 방금 티비가 보여주는 거짓과 위선이 난무하는 뉴스에 속이 상했는데, 저 작고 예쁜 새가 쪼는 햇살이 얼핏 내 안에 부싯돌처럼 반짝이며 왠지 모를 생명의 기쁨과 황홀의 순간을 열어준다.
    그렇구나 아이야, 행복은 산 너머 저쪽 파랑새가 아니라 지금 내 안에서 반짝이는 햇살이구나. 바로 여기 생생하게 살아있는 자신을 잊고 산 너머 저쪽만을 바라보는 어리석음을 깨닫게 해 준 아이야, 지금 이 순간 내 안에서 너의 말이 부싯돌처럼 반짝인다.

러브 앤 라이크

미세스 이브라이트가 내게 말했다. 미스터 리, 아이 라이크 유~! 나는 당황해서 물었다. 당신은 결혼해서 남편이 있는데 어떻게 이방 남자를 라이크한다고 말합니까? 그녀는 대답했다. 물론 나는 나의 남편을 러브합니다. 그리고 나는 당신을 라이크합니다. 나는 잠시 혼란스러웠다. 아, 그렇군요. 나는 잉그리드 버그만을 좋아하고 나의 아내를 사랑합니다. 그런데 이런 말이 있지요, 누군가 꽃을 좋아하면 꺾어 가지만 꽃을 사랑하면 물을 준다는… 그리고 고양이는 쥐를 좋아하지만 사랑하지는 않지요. 그러니 미세스 이브라이트, 러브와 라이크는 쉽게 구분하여 말할 수 없는 게 아닌가요?

고백

   50점짜리 남자가 90점짜리 여자와 살고 있으니 늘 미안하지요. 구청이나 은행 일은 고사하고 마트에서 과일 사는 것도 서툰데다가 다용도실 세탁기도 돌릴 줄 모르면서 삼시 세끼 밥은 꼬박꼬박 축내는 그런 남자를 데리고 살아주니 얼마나 고마운지요. 가만히 바라보면 그 여자 곱던 눈가엔 어느새 주름살이 모여들고 꼿꼿하던 어깨도 기울었는데 요즘엔 가끔 안 쓰던 사투리로 언성을 높이기도 하지요. 그럴 때면 글쎄 나도 모르게 벌컥 말대꾸도 한답니다. 물론 금방 시선을 다른 데로 돌리고 기어드는 목소리로 딴청을 부리지만… 그런데 이제는 그런가 봐요. 세월의 강물에 밀려온 게 어디 그런 것뿐인가요? 어느덧 한평생이 꿈결처럼 흘러가서 머리에 하얗게 서리가 내리고 보니, 들숨은 날숨 속에 햇살은 그늘 속에 녹아들어 기쁨과 슬픔, 사랑과 미움이 별로 다르지 않은 것 같네요. 아 그래요, 누군가 그랬지요, 모든 게 불이不二요 유심조唯心造라고…

지금 이 시각

 내가 아침 식탁에 앉아 깍두기를 깨무는 지금, 12층 여자는 출근하는 남편의 비뚤어진 넥타이를 매만져주며 일찍 들어오라는 말을 하고 있을까. 내가 막 수저를 놓는 이 시각, 보스톤의 페이지 여사는 해 지는 서쪽 창가에 앉아 보스니아에 파병 간 아들 생각을 하며 티비에서 오바마의 연설을 듣고 있을까. 식탁을 치우는 아내가 아직 세수도 않고 신문이나 뒤적이는 나에게 못마땅한 눈길을 보내는 지금, 피레네 산골 로드리게 할머니는 밤하늘에 금을 긋는 별똥별을 바라보며 재빨리 가슴에 성호를 긋고 있을까. 어쩌면 바로 지금 이 시각, 은하계 저 편에서 초신성 하나가 폭발하는지도 모르는데, 반짝 머릿속에 떠오르는 생각, 이 세상 모든 일이 어둠의 찰나를 스쳐 가는 번갯불이라는…, 나는 슬그머니 아내의 등 뒤로 다가가 다정히 두 손을 어깨에 얹어본다.

여든산에서

아득해 보이던 산밑에 나도 모르는 사이에 도착했습니다. 이마에 땀 씻으며 돌아보니 떠나온 곳이 저렇게 가까운 줄 몰랐지요. 그래도 여기까지 오면서 맑은 냇물에서 송사리도 잡아보고 돌부리에 걸려 무릎을 다치기도 했었지요. 뿐인가요, 들에 핀 찔레꽃내음도 맡아보고 도토리를 깨무는 줄무늬다람쥐도 보았습니다. 이제 산을 오르다 보니 숨도 차고 다리도 아파오네요. 때때로 바람에 낙엽이 날리는데 어찌된 일인지 앞서가던 사람들이 보이지 않아 혼자 걷는 산길이 적막합니다. 저 산마루에 올라서면 무엇이 있을는지 두렵기도 한데 능선에 걸린 구름이 어서 올라오라고 손짓합니다.

3
꿈속의 잠깐

꿈속의 잠깐 - 3
- 古家

벽시계가 네 시를 친다. 책을 덮고 마당에 나선다. 집이 古家인데다 적막해서 조금 무섭다. 대문이 열리지 않아 애를 쓰는데 누가 옆에서 쉽게 문을 열고 나간다. 얼른 뒤따라 나서는데 수위가 어딜 가느냐고 묻는다. 잠깐 갈 데가 있다고 둘러대고 밖으로 나온다. 약간 어둡다. 담 모퉁이 古木의 그늘 탓이라고 생각하면서, "해는 아직 밝은데 길은 벌써 어둡다."고 중얼거려본다. 옆에서 누가, "해는 져서 어두운데 찾아오는 사람 없다."고 중얼거린다. 돌아보니 아까 그 사람이 기타를 메고 古木 쪽으로 걸어간다. 뒷모습이 키리코*의 그림자 같다.

---

* 죠르지오 데 키리코 (Giorgio de Chirico :1888-1978) : 그리스 출생의 초현실주의 화가

꿈속의 잠깐 - 4
- 이중섭

    깜빡 졸다 서귀포에 간다. 바닷가 양철집 식당에서 점심을 먹는데 얼굴이 가무스름한 월남 처녀가 생긋 웃으며 지나간다. 한 번도 키스를 해 본 적이 없는, 이빨이 하얀…, 밖으로 나오니 하얀 모래밭에 등 껍데기 빨간 게 한 마리 엉금엉금 기어가고 어디선가 워낭소리 들린다. 돌아보니 양철집 뒤쪽에서 눈망울이 커다란 황소가 걸어 나오고, 황소의 잔등 너머 수염이 텁수룩한 사내가 보인다. 그가 들고 있는 낚싯대에 등 푸른 고등어 한 마리가 매달려 있다.

꿈속의 잠깐 - 5
- 데미안

  들판을 걷는데 뒤쪽에서 커다란 시조새가 너울너울 날아온다. 약간 무섭다. 옆의 친구가 반갑게 새의 머리를 쓰다듬어 준다. 나도 용기를 내어 왼손을 내민다. 새는 빙그르 돌아서더니 큰 부리로 내 손을 문다. 아프지가 않다. 조금 겁이 나지만 나도 새를 쓰다듬어 주려고 오른손을 내민다. 새는 크고 부드러운 손으로 내 손을 잡는다. 감촉이 따뜻하고 좋다. 고개를 들어보니 눈이 맑고 기품 있는 백인 여자, 에바 부인이다. 그녀는 은은하게 미소 지으며 내 손을 놓고 옆의 친구와 함께 돌아선다. 웬일인지 나는 꼼짝 못하고 멀어지는 뒷모습을 바라보며 목이 멘다.

꿈속의 잠깐 - 6
- 부엉이

저녁 늦게 식사를 하려는데 아이가 내 뒤쪽을 가리킨다. 돌아보니 창턱에 부엉이가 앉아 있다. 아내의 죽은 넋이다. 가라고 손짓을 해도 움직이지 않고 이쪽을 본다. 나는 다가가서 부엉이를 잡아 가슴에 안는다. 부엉이는 빠져나가려고 발버둥을 친다. 나는 부엉이의 날카로운 발톱이 나를 할퀴지 못하게 꼭 껴안는다. 전에 그 발톱에 할퀸 상처가 아직도 내 팔뚝에 남아있고 아이에게도 있다. 나는 가만히 부엉이를 쓰다듬으며 이곳에 미련을 두지 말고 가라고 말한다. 부엉이는 한동안 나를 바라보다가 포도알 같은 큰 눈을 깜빡이고는 어둠 속으로 날아간다. 가엾지만 웬일인지 나는 부엉이가 방에 들어오면 안 된다고 생각한다. 창문을 닫고 돌아서니 식탁에서 아이가 포도를 먹고 있다.

꿈속의 잠깐 - 7
- 비밀

    아내와 시장바닥에 늘어놓은 그림들을 구경한다. 주인이 다가오더니 그중에 하나를 가리킨다. 내가 보기엔 그냥 울퉁불퉁한 나무둥치 같다. 그런데 옆에서 보니 머리와 가슴, 배와 엉덩이까지 여인의 몸이 희미하게 보인다. 나는 만 오천 원을 주고 그것을 산다. 집으로 오면서 아내에게, "이 그림을 걸어놓으면 남들은 그냥 나무둥치를 보지만, 슬쩍 옆으로 보면 여자의 몸이 보이지. 그것은 볼 줄 아는 사람에게만 보이는데 바로 당신과 나만 알고 있는 비밀이야."라고 말하면서 나는 어깨를 으쓱한다.

꿈속의 잠깐 - 8
- 꽃핀

인테리어 시공 중 잠깐 노르웨이산 목재에 기대앉아 눈을 감는다. 목재 향이 코끝을 간질이니 눈앞에 가물가물 솔숲이 펼쳐지고, 아련한 기억의 저편에서 얼핏 페르긴트의 음성이 들리는 듯하다. 망치를 놓고 숲속 오솔길을 따라간다. 골짜기 건너 단풍나무 사이로 담쟁이에 싸인 벽돌집이 보인다. 숨죽이고 다가가 보니 창가에서 금발의 소녀가 피아노를 연주한다. 꼿꼿이 앉아 건반을 두드리는 소녀 머리에 반짝이는 꽃핀! 어디서 보았을까 가슴 찌르는 저 빛, 피아노의 선율 따라 그 겨울이 지나 또 봄은 가고…, 솔베이지의 한 소절이 끝나는 순간 날카로운 금속성이 귀를 찢는다. 깜짝 놀라 눈을 떠보니 김목수가 전기톱으로 목재의 허리를 자르고 있다.

꿈속의 잠깐 - 9
- 유리방

  문득 눈을 떠보니 나는 유리방 안에 있습니다. 바깥에는 햇살이 눈부시고, 나무, 꽃, 새, 구름, 모든 것이 예쁘고 정겹습니다. 깡충깡충 토끼가 다가옵니다. 귀여워 손을 내미는데 유리에 막혀 만질 수가 없습니다. 저쪽에서 누군가 다가옵니다. 환한 빛에 싸인 천사, 당신입니다. 당신은 하얀 손으로 토끼를 품어 안고 말합니다. "지금 당신이 숨 쉴 수 있는 것은 유리방 안에 있기 때문이에요."라며 은은한 눈길로 나를 봅니다. 정말 내가 유리방 바깥으로 나가는 것은 삶의 바깥으로 나가는 것일까요? 아, 나는 지금 유리방 바깥에 선 당신을 안을 수 없어 다시 눈을 감습니다.

꿈속의 잠깐 - 10
- 하얀 손

　창가에 여자가 정물처럼 앉아 있다. 여자의 어깨 너머 푸른 바다에 웅크린 바위섬도 보인다. 섬의 허리에 물결이 일고 휘익- 하얀 새 한 마리 날아오른다. 정물처럼 앉아 있던 여자가 휘익- 새를 따라 날아간다. 나는 눈으로 여자를 쫓는다. 햇살이 눈을 찌르고 뒤쪽에서 철컥, 문 닫히는 소리가 난다. 방안이 갑자기 어두워지고 창턱에 하얀 손이 놓여있다. 여자가 두고 간 손이다. 그러나 나는 안다, 내가 눈을 뜨면 창가엔 아무것도 없다는 것을.

꿈속의 잠깐 - 11
- 어떤 고백

　신부님과 당면을 먹는데 옆에서 한 청년이 말한다. "저는 전장에서 적군과 함께 잔 적이 있어요. 필리핀 여자였는데 젖꼭지도 만졌거든요. 날씬하고 예뻤지만 하지는 않았어요." 신부님은 빙긋이 웃고 나는 얼른 당면을 삼켰지만, 청년의 고백은 진실하다. 그의 어눌한 말과 도수 높은 안경이 그것을 증명한다.

꿈속의 잠깐 - 12
- 감태나무 지팡이

    나는 보납산 기슭에서 용을 만난다. 석양에 비늘이 번쩍이지만 강을 바라보는 눈길은 온화하다. 비스듬히 앉아서 "산은 태고를 자랑하고 강은 세월을 밀어내고 있다"*면서 나를 돌아본다. 나는 번갯불에 타서 검게 휘어진 감태나무 지팡이를 준다. 천천히 일어나더니 용은 허리를 구부려 안개 자욱한 신선봉으로 잦아든다. 웬일인지 목이 메어 눈을 떠보니 산도 강도 사라지고 창가에 감태나무 지팡이만 기대어있다.

---

* 송항룡의 [노자가 부른 노래] 225쪽. 보납산, 신선봉도 같은 쪽에 있다.

꿈속의 잠깐 - 13
- 워낭소리

 들길을 가는데 황소가 덤벼든다. 나는 쇠뿔에 받혀 쓰러진다. 황소가 나를 밟고 지나간 후 예쁜 곤줄박이 한 마리가 날아와서 뿔에 받힌 옆구리를 들여다본다. 괜찮다고 손을 흔들자 곁에서 수군거리던 쑥부쟁이꽃들이 환해진다. 워낭소리 남기고 간 황소는 잘못이 없다.

꿈속의 잠깐 - 14
- 고양이

  낯선 길을 가는데 고양이가 내 왼팔에 뛰어오른다. 나는 얼른 오른손으로 떨쳐낸다. 길바닥에서 야옹~ 하더니 다시 잽싸게 팔뚝에 뛰어오른다. 팔을 흔들고 밀어내니 더 단단히 달라붙는다. 날카로운 발톱이 팔뚝에 파고들어 피가 나는데 웬일인지 아프지가 않다. 나는 고양이와 눈을 맞추고 오른손으로 머리를 쓰다듬는다. 고양이를 품에 안으니까 길섶에 핀 구절초가 활짝 웃는다.

꿈속의 잠깐 - 15
- 박쥐

    화장실에 다녀오는데 아이 방에서 푸드덕 날갯소리가 난다. 혹시 창문을 열어놓아 새라도 들어왔는지 방문을 열어본다. 아이 침대 옆에 누가 보인다. 스님처럼 머리를 깎은 여자인데 몸이 공중에 떠 있다. 나는 놀라서 "누구요, 누구~?"라고 외치는데 목이 잠겨 소리가 나오지 않는다. 그래도 용감하게 지팡이를 들고 방 안으로 들어서는데 여자가 위쪽을 가리킨다. 천장 모서리에 시커먼 박쥐가 앉아 있다. 내가 지팡이를 휘두르자 방을 한 바퀴 돌아 창밖으로 날아간다. 그런데 돌아보니 여자가 없다. 아이는 잠들어 있고 창문도 닫혀있는데 금방 어디로 갔나? 잠시 어리둥절하다가 엊그제 잡은 박쥐 생각이 나서 나는 지금 이게 꿈이란 걸 알아챈다. 꿈을 깨려고 창문을 걷어차는데 아내가 나를 흔들어 깨운다.

꿈속의 잠깐-16
- 승리

아버지와 바둑을 둔다. 아직 초반이지만 내가 유리한 국면이다. 아버지는 착점을 하지 않고 장고에 들어간다. 장고 끝에 악수라는 말이 생각난다. 아버지는 한참 망설이다가 바둑판 위에 뭐라고 글씨를 쓴다. 처음에는 M자를 썼다가 내가 읽을 수 있도록 그것을 뒤집어 W자가 되도록 하고 거기에 in을 붙여 Win이라고 쓴다. 내가 아버지를 '이겼다'라는 뜻이다. 아버지는 언제나 자신이 '졌다'고 말하지는 않는다.

꿈속의 잠깐 - 17
- 면회

나는 신부님과 감옥에 있는 박근혜 대통령을 면회한다. 그녀는 테이블 건너편에서 누군가와 전화를 하고 있다. 통화가 끝날 때 나는 앞에 놓인 접시에서 비스켓 하나를 집어 들고, "하나 드시겠어요?"하고 건넨다. 박근혜는 그것을 받으면서 "단것을 먹으면 안 되는데…"라며 웃는다. 나는 그녀가 쓸쓸해 보여 접시를 들고 자리를 옮겨 가까이 앉는다. 박근혜는 어깨를 나에게 기댄다. 그녀가 대학 후배라서 그런지 나는 이렇게 마음이 아픈데 신부님은 한마디도 하지 않는다.

꿈속의 잠깐 - 18
- 비행

    고층 건물의 옥상이다. 뚱뚱한 김 권사가 난간에 기대어 까마득한 아래를 내려다본다. 몸무게에 밀려 난간이 쓰러지면 그대로 추락할 텐데 걱정스럽다. 나는 오금이 저려서 기댈 수가 없다. 그래도 삶이란 百尺竿頭에 進一步이니 허공에 한 발 더 내디뎌야 한다는 생각이 든다. 김 권사가 갑자기 껑충 뛰어내린다. 나도 용감하게 뛰어내린다. 몸이 가볍다. 날쌔게 팔을 벌려 방향과 속도를 조절한다. 이것은 추락이 아니라 비행이다.

꿈속의 잠깐 - 19
- 거짓말

외출했다 돌아오니 대문 앞에 <축, 합격! 이진흥 사법고시>라는 커다란 현수막이 걸려 있다. 동네 사람들이 축하한다고 악수를 청하며 야단이다. 이상하다. 나는 시험을 친 기억이 없는데 합격이라니, 아마 요즘엔 시험을 치지 않아도 합격을 시키는 제도가 생겼는지 모르겠다. 얼떨결에 꽃다발을 받았지만 일흔이 넘은 나에게 사법고시가 무슨 소용인가. 문 쪽에서 키가 크고 잘생긴 흑인이 성큼성큼 다가온다. 미국 대통령 오바마다. 나는 손을 내밀어 악수를 하고 그를 맞아들인다. 시끄러운데 갑자기 노랫소리가 들린다. "거짓말이야!, 거짓말이야! 합격도 거짓말, 모두가 거짓말!…" 노래에 맞춰 내가 껑충껑충 뛰는데 아내가 나를 흔들어 깨운다.

꿈속의 잠깐 - 20
- 죽은 자

축구 경기 중이다. 나는 드리볼을 하다가 재빨리 백패스를 한다. 내 볼을 받은 선수가 슛을 날리자 골키퍼인 김 목사가 그것을 쉽게 받아서 차 낸다. 다시 우리 선수가 슈팅을 하고 키퍼는 차 내고… 서너 번 그런 슈팅과 방어가 되풀이되다가 키퍼가 차 낸 볼을 골대 가까이에 서 있던 내가 쉽게 왼쪽 구석으로 차 넣는다. 키퍼는 볼을 받았지만 골대 안쪽으로 쓰러져서 골인이 된다. 사람들이 와~ 하고 함성을 지르며 좋아하는데 김 목사는 일어나지 않고 그냥 죽은 듯이 누워 있다. 누가 야유하듯 큰 소리로 외친다. 토텐 슈바이겐[*]~!

---

[*] 아르투어 슈니츨러의 소설 제목, Die Toten Schweigen(죽은 자는 말이 없다)

꿈속의 잠깐 - 21
- 해결방안

여행 중에 잠깐 공원 벤치에 앉아 쉰다. 화장실에 다녀온 아내가 내 옆에 놔둔 파우치를 어쨌느냐고 묻는다. 나는 만지지도 않았으니 잘 찾아보라고 대답한다. 아무리 찾아봐도 없다고 한다. 아무도 오지 않고 지나간 사람도 없는데 이상하다. 파우치에 여권을 넣어두었는데 그것이 없어졌으니 큰일이라며 아내가 운다. 난감하다. 나는 이것이 꿈이라면 해결된다고 생각한다. 나는 아내에게 "인생은 잠깐의 꿈이야. 깨어나면 해결되니 걱정하지 말아."라고 말한다.

꿈속의 잠깐 - 22
- 나르키소스

나는 아내의 거울 속으로 들어간다. 오솔길을 따라가니 호수가 보인다. 들여다보니 거기 내 또래의 얼굴이 있다. 내가 살짝 손을 드는데 그의 머리칼이 바람에 날린다. 잔물결이 일고 왠지 가슴이 아련하다. 나는 잠깐 눈을 감았다 뜬다. 내 뒤에 누가 있는 듯하다. 돌아보니 노란 수선화가 웃고 있다.

4
清溪川

序詩

하얀 구름이 하늘에 떠 갑니다.

하늘은 호수 속에서 조용히 흔들립니다.

나는 湖面에 흐르는 구름을 보고 있습니다.

햇살이 등에 따사롭고

누군가 멀리서 나를 바라봅니다.

離別記

그대의 눈썹 밑에서
꽃씨 하나가 일어나더니
왼 바다를 머리에 이고 다가와서
내 靑春의 일기를 살라 먹고
사뭇 춤처럼 가 버렸네.
이마까지 차오르던 그대의 물결
아득히 하얀 새가 날아오더니
내 幼年의 햇살을 다스리던
빨간 교회당 尖塔에 앉아
낯설은 말로 노랠 하더니
나의 작은 귀를 開闢하였네.
바다는 파도로 몸부림치고
그대는 온통 가슴을 몰아치던
미친 바람이다가
寶石처럼 가혹한 눈빛이다가
사뭇 꿈처럼 離別이었네.

古木의 노래

네게 주는 사랑은
나의 宇宙만큼

가슴 썩은 어둠으로
피 먹은 歲月이 흐득여가고
맨 벗은 살결에 스미는 바람
바람에 날려간 어릴 적 念願들이
실은 꽃잎처럼 안으로 쌓이고 있다

季節을 노래하는
작은 새들 오고 가면
또 하나 年輪을 새기우며
서녘에 지는 해 내일 다시 밝아오듯
외오는 回生

交柯에 달이 얼어
차가운 달빛이 살을 에어도
가슴 썩는 熱氣로 體溫을 지키면서
물 마른 살갗 밑에
幽暗한 샘을 파는

千年겨운 작업이 하루가 되네

구름 일 듯 부푸는
虛慾의 그늘에서
비는 비대로 바람은 바람대로

조용히 忍苦하는 修道僧의
얼굴처럼
默重한 姿勢로 마셔온
숱한 歲月.

온 도시를 휩쓸어오는
戰爭의 絶望과
文明의 피울음을 마시면서
다시 봄을 노래할
數千의 어린 앨 배는
차라리 悽絶한 子宮의 아픔이여

順命의 고요한 嗚咽이
핏줄 속에 맥맥이 흐르고
깊숙한 어둠
어둠으로 印畵된 意志를
안으로 키워가는 아, 싱싱한
生成의 목소리…

가슴 썩은 어둠으로
피 먹은 歲月이 흐득여 가는
네게 주는 사랑은 나의 宇宙이어라.

淸溪川

季節이 어는 가슴으로
깡마른 창자를 게워내고
비 새어 젖어드는 骸骨에선
찢어진 달력이 펄럭이는데

밤은
긴 産室의 아픔처럼
肉身을 누비면서 꿈틀대는 곳

우리는 濁流하는 文明의
失笑에서
攝養과 排泄의 美學을 찾아
몇 寸의 발돋움을 하는 것이다.

그것은 핏발 서린
忍苦의 다리
차라리 諦念은 寢臺 속의 安住이나
骨髓로 陳腐해드는 毒물

向日하는 植物의 목줄기처럼
가난한 歲月의 그늘에서
우리는 다만
壁을 뚫어 窓을 내는 것이다.

빗살만큼 스미는 薄明이
呻吟하며 허리로 흘러내리고
밑으로는
月經의 핏깔보다 진한 어둠이
怪聲되어 흐르는
混沌이 내일을 배는 子宮

비 새어 젖어드는 骸骨에선
찢어진 달력이 펄럭이는데
季節이 어는 가슴으로
꾸준히 오늘을 숨 쉬어 온
우리는 한 그루 忍苦의 나무
向日에의 念願 불타오르는…

외로운 말

　어머니, 당신의 肉身 속 흐득이는 핏줄 새에서 싹터 헤이던 하나 씨알이 오늘은 이 文明의 어항 속에서 피 묻은 담배 연기를 뱉는데 간간이 들려오는 저 落胎하는 여인들의 물젖은 半音이 고막에 뜻 모를 抽象化를 뭉겨대고 있습니다.
　밖에는 찬란히 明滅하는 네온사인 속으로 하이힐의 美學이 눈꼬릴 말고 嬌聲스런 웃음을 잇새로 흘리면서 제법 세련된 스텝을 밟는데요, 하지만 어머니, 저는 담배 연기에 묻어나오는 肺腑의 붉은 핏깔에서 당신의 핏줄 속에 흐르던 純粹의 세월을 기억할 수가 있어요.
　香薰 일던 당신의 뼈마디마다에서 달큼히 들려오던 乳液의 멜로딜, 어머닐 사랑해요, 저의 모두는 어머니꺼애요 죽을 때가지 제 生成의 골짜기 어머님의 子宮을 사랑할 거애요.
　바래져가는 記憶과 문명의 虛喝 새에서 자신도 모를 슬픈 웃음을 配合하는 어색스런 表情들… 저는 왜 그들에게 失笑를 보내고 있을까요, 어머니 저는 왜 담배 연기에 묻어나는 폐부의 出血을 멈출 수가 없을까요.
　저는 상기도 産婦人科 手術臺 위에서 간간이 들려오는 저 落胎하는 문명의 呻吟 소리가 고막에 뭉겨대는 추상화를 이해할 수가 없습니다. 그 半音의 不安이 짓바르는 20세기 美

學을 막을 수가 없어요.

    어머니 실은 그들에게 보내는 제 失笑의 意味조차도 알 수가 없어요. 날마다 해가 떠서 져 갈수록 絢爛한 音色 속이 무섭도록 외로워져요.

새벽의 꽃봉오리

　밤마다 나는 堅固한 잠의 껍질을 깨뜨리고/ 풀어지는 어둠의 옷깃 사이로/ 새벽의 알몸을 엿보려 했다.// 남몰래 깨어 숨을 죽이곤/ 그가 靜寂의 피리를 부는/ 완전한 孤獨의 현장을 노려왔지만/ 새어드는 빛의 방해로/ 번번이 실패만 거듭하곤 했다.// 일시에 전 宇宙가 날카로운 沈默으로 다가오는/ 壓倒的인 비밀의 얼굴인 그는/ 다만 내 약한 詩的인 상상 속에서/ 이따금 出沒하는 어린 날의 한 송이 꽃봉오리의/ 멀리 흔들리는 꽃그늘일 뿐// 이윽고 그가 어둠의 옷을 벗고/ 透明한 알몸을 드러낼 때면/ 차가운 피부는 증발되어서/ 눈 깜짝임 사이에 하늘이 되고// 나는 다시 온갖 빛들이 빚어내는/ 위대한 制限, 형상의 壁 속에서/ 가냘픈 뼈마디 깎으며/ 힘겨운 돌이나 굴려 올리는/ 일상의 體刑을 수행한다.// 돌연, 그때 내 盲目의 集中 속으로/ 떨어지는 苦痛의 땀방울에서/ 그는 살을 비비는 눈짓으로/ 낭랑한 힘의 몸짓으로/ 한 송이 꽃봉오릴 건져 올리며/ 눈부신 알몸을 드러내고 있었다.

고요

그녀의 고요는 감은 눈에서 숨어 나와 말없이 두 볼로 미끄러진다. 그것은 매끈한 턱을 지나 하얀 목에서 엷은 그늘을 짓고 어깨를 넘어 팔로 곧게 내려가서는 가냘픈 손목에서 잠깐 머뭇거리다 갸름한 손가락으로 녹아내린다. 한낮의 피로가 나른히 가라앉고 햇살이 솜같이 풀어지자 그녀의 고요는 보일 듯 말 듯 손톱 끝에서 미동하며 사라지는데 그녀의 고요가 나를 초조하게 만드는 것은…

못 가에서

어쩌면 내 앳된 바램은

어릴 적 고향 어느 못 가에서

잔잔한 물면에 던진 작은 돌멩이

하여 조용히 일던 그러한 물맴

반지

그 속에서
계절이
옷 벗는 소리

해맑은 손톱 가에
다숩은
입김 서리이고

네 하얀
다짐으로 영그는
약속

그 속에서
물별이
오르는 소리.

꽃, 종소리

내 어릴적 동무했던 계집애
이제는 색시 되어 눈썹 그리고
핸드백을 들었네, 그만큼이나
지나간 세월 저편에 피는
꽃, 꽃잎, 꽃이파리 흔들리는
치마 입었지.

꽁초를 찾으며 세종로에서
행길을 건너다가 마주친 그네 웃음
화알짝 밝아 눈이 부셨어
나는 쇼윈도에 비치는
내 모습 두려워 하늘 보았지
하얀 구름 위으로 고웁게 웃는
그네 얼굴엔 아이라인이
서먹이는 세월을 맴돌았어

아, 그때 울리는
빌딩 새를 흘러오는 주일의 종소리는
내 어릴적 동무했던 계집애와
손잡고 교회당에 뜀박질하던
언덕길 길가에 핀
꽃, 꽃잎, 꽃이파리 화알짝 밝던
어느 봄날 아침에서
울려오고 있었지, 꽃이파리
꽃내음 풍기며 흔들리고 있었어.

그리움

그것은 어쩌면
내 귓불에 와 멎는
연한 바람일 것이다

나의 視面으로 기대어오는
머언 鐘의
긴 그림자

그것은 철 잃은 나비 하나
나래 파닥여 부딪는
여린 鍾소리일 것이다

喉頭에 마른 언어
몹시 피로한
그것은 여지껏 못 피워본

한 송이 작은
풀꽃일 것이다
내 幻覺의 날개일 것이다

조용히 사위어가는
日沒일 것이다

나빌 부르는
연연한 꽃의 몸짓
내 靈魂의

기껏해야 그것은
꺾인 날개의
파닥임일 것이다

어쩌면 지금
나의 긴 그림자를 흔드는
머언 鐘소리일 것이다.

그대의 刺繡

그대의 몸에서는 솔잎 내음이 난다
씹으면 씹을수록 쌉쌀한 맛
온 神經을 올올이 찌르면서
내 가슴에 繡를 놓는 그대여
바라보면 볼수록 뼈아픈 눈빛
常綠의 바늘로 횡경막을 누비는
가장 가혹한 刺繡 그대는

詩法

한마디 말도 없이 서 있었다
겨울이 살금 살 틈으로 기어들 때
창백한 심장 위에 어디선가
빨간 노을이 뚝 뚝 뚝 떨어졌다.
그때 그의 말 없는 눈 속에서
한 마리 나비가 기어 나와선 나풀
나풀나풀 나래짓하며
날아갔다, 하늘로 멀리.

봄 축제

꽃다발 터지듯 밝은 종소리
골반 속을 한가득 울리어오는
눈부신 官能의 아픈 환희 아래로
일렁이는 고향의 봄 피는 꽃 숲
눈 여는 가지마다 喜悅 얽혀 설킬 제
고흔 핏줄 破裂하는 상처 위에선, 아른
아른 아지랑이 아른거려 신들도 함께
살 삭여 빚은 술로 腦漿 흠뻑 적시고
닐리리 피리 불며 향연 취해 흥겨울 새
종소리 울림하는 젖무덤 봄 산골에
絢爛한 불꽃 활활 피어올라라.

이미지(7)

떨어지는 태양의 영근 농도를
가늠하는 물결의 면면한 황홀
바다 파도 영묘한 빛살 갈피에
피로 겨운 눈길을 뒤채일 즈음
불타는 노을의 아픈 환희 속에서
한 마리 작은 새가 날아오더니
무딘 내 귓불을 쪼아대다가
피 흘리고 슬피 울며 가 버린 후
까맣게 죽어 있던 기억 속에서
어쩌면 너의 먼 목소리들이
반뜩이며 불꽃 튀는 고흔 꽃씨로
아 지금 하나씩 눈을 열고 있네.

喫煙頌

사납게오늘을찢는
울굽도록목메는時間이여
찢진칼랜다의傷한活字는
아픈다릴절뚝이며도망가누나
때를거른소화액은안달하며
얇은胃壁을헐고
헐린벽틈에기운햇살이
시든미소를던지는즈음
휘휘한바람
부는血管엔갖가지宇宙의아우성이
脫出의試圖를가늠하면서
속의어둠속으로달려가고
시집간여자들이
燈을켠이마에粉을바르는
저녁.돌아가거라
앉은자릴旋回하는日光의새여
어둠의숲으로날아가거라
나는肺腑깊이낀먼지와
찢긴칼랜다의
傷한活字를 달래주는

白鳥의낮은노래에귀기울이며
울곱도록목메는시간을빨아
짙은紫煙으로吐하노라.

니힐한 말

기우는 태양을 바라보며
내 그림자가 孤獨해질 때
먼 地平에서
徐徐히 다가오는 어둠은
도시의 精敏한 秩序 위에
鬱鬱한 悔悟의 비단을 짜고
속 깊이 어둠의 키가 자랄 때
빛에 취한 밤의 精靈이
벗은 나무를 슬슬 기어오를 때
손끝에서 풀리는 몇 올의 試圖는
孤獨이 쌓이는 어깨 위
무너지는 빛의 傷痕에서
어둠의 꽃바람을 날리고
내 속에 자라 검은 숲을 이룰
虛無의 씨를 뿌리고
내 온갖 努力이
哀歡의 이슬로 굴러 내릴 때
퍼덕거리며
願望의 날개들이 꺾이어갈 때
흔들리는 幻覺에다

슬픈 期待를 걸고
밤마다 과일 깨치듯
아픈 歡喜 속에서
눈먼 神話는 피고 지는데
무너지는 빛깔 속
꺾여나간 날갯죽지
아 어디쯤
나의 노래는 설 수 있을까
깨어진 귓조각 어느 하나에
久遠의 꽃 몇 송이 눈을 뜰까
지금 저기
익은 과일처럼 떨어지는
알몸의 태양을
내 弱한 視線으로
끌어 올릴 순 없을까
그리하여
眼球 가득히 넘치는
光明의 노랠 부를 순 없을까

노을

지금 내가 바라보는 저 노을을
나 모르는 어떤 이도 보고 있을 것이다
내가 던진 유년의 편지 조각도
누군가의 기억 속의 실낱이 되어
타는 저 노을 속에 녹고 있을 것이다
그 속에서 무너지는 빛의 손들이
보내는 마지막 신호까지도
그러나 냉정하게 번역하는 자
그런 이의 안경알에 묻은 노을도
이윽고는 스러질 빛의 찰나다.

H에게

知性의 뒤꿈치를 追跡하는
연습의 서투른 노래가
一切의 형상을 무너뜨린다
傷한 언어의 날개
죽지가 떨어지고
낯익은 손들이 시들어 떨어지고
形而上의 波濤가 일어선다
豫感의 窓밖에서
習慣性 평화가 叛亂의 旗를 들고
가장 작은 記憶의 불씨도
사위어간다
論理에 벼린 反省의 칼로
심장을 解剖하여
虛無의 도마에 올려놓는다
끊임없이 부는 시간의 바람
온몸이 시리다.

自畵像

거울 속에서 한 사내가 나를 본다.
오래전부터 나는 그를
알 듯도 하고 모를 것도 같다.
透明한 유리의 遮斷 저켠에 서서
언제나 나를 바라보지만
그의 시선은 늘 無關心하다.
나는 가끔 그에게
말을 건네거나 웃음을 보내다가
멋쩍어지는 수가 있다.
내가 돌아설 때엔
그는 어디로 가는 것일까
나를 슬쩍 엿보고 있는 것은 아닐까
언제나 거울 앞에서 만나는
아주 가깝고도 먼 얼굴
나는 그를 누구라고 부르나.
어느 때는 그는 憂鬱하게
어느 때는 快活하게 보이지만
그건 믿을 수 없는 내 視線의 造作이리라.
거울 면의 遮斷 저켠에서
말없이 그가 나를 凝視하지만

나는 그를 拒絶하지 못한다.
도대체 그는 누구인데
은근히 나를 拘束하는 것일까
거울 속의 그 사내는.

시인의 말

■ 시인의 말

제1부, 나는 지금

누구에게나 가슴속에는 하늘에 빛나는 별처럼 아름답지만 잡을 수 없는 것들이 있다고 생각됩니다. 소위 최고의 가치라는 것들이지요. 그것을 학문은 인식의 대상인 진(truth)으로, 도덕은 실천의 목표가 되는 선(good), 그리고 예술은 감동의 발원이 되는 미(beauty)라고 하는 모양입니다. 이때 미를 추구하는 예술은 소리(음악) 조형(미술) 동작(무용) 언어(시) 등으로 분류할 수 있을 텐데, 시인은 언어를 통해서 잡을 수 없는 하늘의 별 같은 아름다움에 다가서려고 합니다. 그러나 아름다움 그 자체는 알 수도 잡을 수도 없는 것 같아서 나는 그것을 꽃이나 여자로 표상해 보았는데, 참 이상합니다. 그것은 안간힘을 다하여 가까이 다가서면 거짓말처럼 숨어버려서 인간의 한계를 알게 해주는 존재가 아닌가 생각됩니다. 그래서 나는 그것을 젊은 시절 아름답다는 알프스의 융프라우를 찾아갔던 경험에 투사하여, "멀리 구름 사이로 그녀의 이마가 또렷이 보였는데 가슴 두근거리며 힘들게 찾아갔더니 이마는커녕 옷자락도 보이지 않는다.(졸시 [융프라우])"라고 쓴 적이 있었지요. 그런데 이번에는 거기서 한발 더 나아가 그녀가 은장도를 품고 있는 위험한 존재라는 생각을 해 보았습니다.

아름다운 여자는 위험하다
눈매는 따뜻하고 부드럽지만
가슴속엔 은장도를 품고 있다
날씬한 어깨는 가팔라서
감성의 지팡이가 미끄러지고
골짜기는 어둡고 위험해서
이성의 밧줄을 걸 곳이 없다
입가엔 미소가 서려 있지만
어딘가 숨 막히는 긴장을
복병처럼 숨겨놓은 여자
누구든지 무장을 해제해야
치맛자락을 살짝 들어
허락의 신호를 보여주지만
그러나 조심할 것! "아름다움은
두려움의 시작"이라는 것을.

- 「등산길에서」 전문

 그렇습니다. 아름다움은 우리가 범접할 수 없는, 어쩌면 은장도를 지닌 위험한 존재이고, 접근할 수 없는 가파르고 미끄러운 대상이며 나의 모든 무장을 해제할 때 비로소 자신의 모습을 보여주지만, 그 엄청난 존재성 때문에 두려움의 대상이 되는 것이지요. 그럼에도 우리는 언어를 통해서 그 아름다움에 다가서려고 하지요. 말이 시의 길이라는 믿음 때문입니다. 그런데 말할 수 있는 도는 도가 아닌 것(道可道

非常道)처럼 말을 통해서 아름다움에 다가서려는 것 또한 언어도단입니다. 아름다움을 여자로 은유할 때 그녀에게 이르는 길은 너무 가파르고 미끄러워 접근할 수 없고, 안간힘을 다하여 가까이 다가서면 거짓말처럼 숨어버리는 여자, 내가 지닌 모든 것을 버리고 나면 비로소 살짝 자신의 모습을 보여 주지만 가슴엔 은장도를 지니고 있어 그녀를 보는 순간 두려움이 시작되는, 그것이 아름다움이 아닌가 하는 생각을 해 본 것이 이 시입니다. 그러나 어쩌다가 운 좋게도 훔쳐보면 그녀는 금기의 여신처럼 우리의 눈을 멀게 하고 목소리를 들으면 귀가 먹게 하는 존재, 따라서 그녀 즉 아름다움이 무엇인가는 영원히 알 수 없는 것이 아닌가 합니다.

숲속에서
여신의 몸을 훔쳐보면
눈이 멀고
요정들의 속삭임을 엿들으면
귀머거리가 된다.
평생 한 번쯤 누릴까 말까 한
호사의 대가이다.
보여도 여신의 몸엔
눈을 감고
들려도 요정의 말엔
귀를 막아야 한다
이유는 묻지 말 것

낙원 한복판에 선악과를 심어둔

신의 뜻은

묻는 게 아니다.

- 「신의 뜻」 전문

   그렇습니다. 인간이 여신(아름다움)을 넘보려 하면 마치 목욕하는 아르테미스를 목격한 악타이온처럼 벌을 받게 됩니다. 그러므로 보여도 눈을 감고 들려도 귀를 막아야 하는 것이지요. 왜 그래야 하는지 이유는 알 수 없고 다만 그것이 신의 뜻이라고 믿어야 합니다. 인간의 숙명이지요. 아름다움의 본질은 마치 단테의 베아트리체, 혹은 우리를 천상으로 끌어올린다는 괴테의 영원히 여성적인 것(das ewieg Weibliche)과 같아서 우리가 주동적으로 잡을 수 있는 게 아니라 수동적으로 잡히는 것이라고 생각합니다. 따라서 그것을 추구하고 표현하는 일은 그야말로 가슴 떨리는 일이 되는 것이지요.

   그런데 우리는 존재의 껍질은 보지만 본질은 보지 못합니다. 그러니 최고의 가치로서 아름다움의 본질을 인식할 수 없음은 물론, 더 가까이는 지금 여기에 앉아 이 글을 쓰고 있는 내가 누구인지도 알 수가 없습니다. 지금(now)이라는 시간과 여기(here)라는 공간에 있는 나라는 존재, 가장 친근하면서도 역설적으로 가장 낯설고 신비한 존재인 나는 누구이며, 지금은 어느 때이고 여기는 어디인가를 생각하면 할수록 더 아득해집니다. 누구든지 그가 생각 없이 그냥 일상성에 매여 있으면 모든 것이 익숙하고 친근하지만, 혼자 깊이 생각해보면 모든 것이 낯설고 놀랍게 보이지요. 그런 낯설고 놀라움을 느끼는 순간 지금까지 잊고 있던 본래성이 번개처럼 반짝 그를 비춰주는 것이라고 생각합니다. 그래서 낯익은 일상성을 벗고 본래성을 회복하는 바로 그 순간 그는 시인이 된다고 생각합니다. 이때 詩人은 視人으로서 세계를 참으로 보고 그것을 노래하는 사람이지요.

저녁 강둑을 걷는데
뭔가 이상하다.
가만히 살펴보니
어둠 속 풀잎이 흔들리고
반딧불이 하나가 허공에
금 긋고 사라진다.
둑길은 조용하고 나뭇가지 잠잠한데
문득 들려오는 낯익은 음성,
나는 지금 이곳이 아니다
왠지 목이 메어 고개 드니
강 건너 마을의 불빛 여전하고
세상은 그냥 그대로인데
먼 하늘에 보일 듯 말 듯
별 하나 물에 젖어 반짝인다.

― 「나는 지금」 전문

앞에서 말한 것처럼 일상인인 내가 본래적인 나(시인)로 돌아가면 모든 게 낯설고 놀랍게 보입니다. 그래서 내가 자신을 돌아보는 본질적인 시간/공간에서 보면 이 시구에서처럼 "나는 지금 이곳이 아니다"라는 말이 아주 실감으로 다가옵니다. 어느 날 저녁 나는 강둑을 걷다가 뭔가 이상한 느낌을 받았습니다. 강둑은 집 앞에 있는 낯익은 곳(공간)인데 "뭔가 이상한" 느낌이 들었다는 것은 낯익은 일상성을 넘어서 낯선 비일상성에 들어섰다는 뜻이지요. 그때 섬세하게 드는 그 느낌이야말로 일상성을 넘어서 본래성으로 귀환하는 순간의 느낌이 아닌가요? 그래서 "가만히 살펴보니/ 어둠 속 풀잎이 흔들리고/ 반딧불이 하나가 허공에/ 금 긋고 사라"지고 있습니다. 이 장면도 지극히 낯익은 것인데 지금 그것이 뭔가를 촉발합니다. 일상성(비본래성)에서 비일상성(본래성)으로 막 넘어서는 장면이지요. 그런데 문득 "나는 지금 이곳이 아니다."라는 낯익은 음성이 들려옵니다. 먼저 세상 떠난 친구 문인수 시인의 음성이지요. "지금 이곳"은 내가 있는 곳(본래적인 곳)이 아니라는 것입니다. 그러니 나는 원래 내가 있어야 할 그곳으로 찾아가야 합니다. 낯설고 불안한 이곳에서 나는 나그네일 뿐, 내가 주인으로 있을 곳은 이곳이 아니라는 인식… 그 낯익은 음성을 들으니 왠지 목이 멥니다. 그래서 다시 고개 들어 둘러보니 "강 건너 마을의 불빛 여전하고/ 세상은 그냥 그대로인데/ 먼 하늘에 보일 듯 말 듯/ 별 하나 물에 젖어 반짝"이는 것입니다. 가까운 마을의 불빛은 익숙하게 보이는데, 반대로 먼 하늘의 별빛이 젖어서 반짝이는 것⋯ 그것이 바로 나를 깨우는 본래성의 불빛이라고 생각이 들어서 써 본 것입니다.

제2부, 행복은 내 안에

2부에서는 산문시를 모아 보았습니다. 교과서에서 배운 것처럼 시란 율어(rhythmic language)에 의한 모방이라는 정의에 길들었기 때문인지, 나는 시를 쓰면 몇 번 소리 내어 읽어보고 운율을 고려하면서 행을 갈고 연을 띄우며 소위 내재율을 생각하곤 했습니다. 그러다가 행갈이나 연을 무시하고 줄글로 써보니까 긴장도 덜하고 마음 편하게 감정을 풀어낼 수 있는 듯해서 근래에는 산문시 쪽으로 많이 기울어져 있습니다. 물론 산문시의 경우에는 사실(fact)과 진실(feel)의 간격이 좁아서 의식적으로 서정적인 통제를 하고 있긴 합니다. 예컨대 여기 수록한 [행복은 내 안에]나 [러브 앤 라이크]는 실제로 있었던 사실의 기록이고, [고백]이나 [여든 산에서]는 이제 나이 든 내 모습을 돌아보면서 느끼는 감정을 그대로 서술한 것인데, 운율적 통제를 벗어버리니 감정을 더 솔직하게 그리고 내면의 풍경묘사가 더 리얼하게 잘 드러나는 것 같았습니다.

열세 살짜리 손녀 노트 첫장에 '행복은 내 안에'라고 쓰여 있다. 행복은 잡을 수 없는 파랑새라는데 어린 것이 참 당돌하다. 파랑새를 찾아서 산 넘고 물 건너 멀리 갔다가 허탕 치고 지쳐서 돌아왔더니 그 새는 뜰앞 나뭇가지에 앉아있었다는 시구가 생각난다.

문득 창밖에서 새소리가 들린다. 커튼 사이로 내다보니 곤줄박이가 난간에 앉아 햇살을 쪼고 있다. 방금 티비가 보여주는 거짓과 위선이 난무하는 뉴스에 속이 상했는데, 저 작고 예쁜 새가 쪼는 햇살이 얼핏 내 안에 부싯돌처럼 반짝이며 왠지 모를 생명의 기쁨과 황홀의 순간을 열어준다.

그렇구나 아이야, 행복은 산 너머 저쪽 파랑새가 아니라 지금 내 안에서 반짝이는 햇살이구나. 바로 여기 생생하게 살아있는 자신을 잊고 산 너머 저쪽만을 바라보는 어리석음을 깨닫게 해 준 아이야, 지금 이 순간 내 안에서 너의 말이 부싯돌처럼 반짝인다.

- 「행복은 내 안에」 전문

이 시를 읽는 분은 아마도 마테를링크의 <파랑새>나 칼 붓세의 <산 너머 저쪽>을 떠올릴 것 같습니다. 나도 행복이란 산 너머 저쪽(피안)에 있어서 잡을 수 없는 것이라고 생각해 왔습니다. 그런데 어느 날 초등학교에 다니는 손녀가 자신의 노트 첫장에 "행복은 내 안에"라고 써 놓은 것을 보았습니다. 그것은 어디선가 보고 베껴 쓴 것이라는 생각이 들었지만, 왠지 그 애가 신통하고 당돌해 보였습니다. 그리고 내가 어릴 때 읽었던 산 너머 저쪽에 행복이 있다기에 찾아갔다가 눈물만 흘리고 돌아왔다는 칼 부세의 시구와, 행복은 먼 곳에 있는 게 아니라 바로 곁에 있다는 마테를링크의 파랑새가 떠올랐던 것입니다. 그렇지요. 행복이 어디 있는지 모릅니다. 어쩌면 그것은 부처님이 가르쳐 주신 一切唯心造, 즉 모든 것은 내 마음으로 만들어내는 것에 불과한 것이니 행복이니 불행이니 하는 것 자체가 허상일 뿐이라는 게 아니겠습니까? 그러므로 적극적으로 말하면 행복은 산 너머 저쪽에 있는 게 아니라 내 마음이 만드는 것, 달리 말하면 내 속에 있는 것인데 그런 사실을 모르고 다른 데서 찾으려고 하니 안타깝다는 말이지요. 그것이 마테를링크의 파랑새이고 손녀 아이의 생각이 아니겠습니까? 당장 오늘 아침 신문에서 읽은 신문 기사나 TV 뉴스에서 본 우리 사회의 현실은 정말 거짓과 위선이 난무하는 것들이고, 그런 걸 보면서 불만과 분노가 가슴 속에 부글거리는 게 많았습니다. 그러니 행복은 내 안에라는 말은 그냥 예쁜 글귀에 불과한 것이었지만, 그래도 오랜만에 만난 귀여운 손녀 딸애의 어린 목소리와 어여쁜 눈빛을 연상하니 마음이 조금은 맑아지는 느낌이 들었지요. 그러다가 무심히 창밖을 내다보았는데 그때 마침 데크 난간에 곤줄박이 한 마리가 날아와 햇살을 쪼고 있었습니다. 그런데 평소에는 별것 아닌 것으로 여겼을 그 장면이 달라 보였지요. 말하자면 그 작고 예쁜 곤줄박이가 쫑긋거리며 쪼는 햇살이 마치 부싯돌처럼 반짝이며 왠지 모를 생명의 기쁨과 황홀의 순간을 열어주는 듯했습니다. 이 시는 그 느낌을 그대로 적어 본 것입니다.

  그런데 이렇게 산문시로 쓰다 보니 시가 마치 아포리즘처럼 녹지 않은 언어 그대로 나타나는 것 같습니다. 자유시로 행과 연을 구분할 때는 은유나 상징을 통해서 좀 더 압축하고 형상화에 신경을 썼는데 이렇게 줄글로 쓰니까 긴장감은 좀 풀리는 대신 훨씬 편하고 자유로운 느낌이 듭니다. 그래서 나이들어 빈둥거리는 일상의 모습을 그냥 말하듯이 써보기도 했습니다.

    50점짜리 남자가 90점짜리 여자와 살고 있으니 늘 미안하지요. 구청이나 은행 일은 고사하고 마트에서 과일 사는 것도 서툰데다가 다용도실 세탁기도 돌릴 줄 모르면서 삼시세끼 밥은 꼬박꼬박 축내는 그런 남자를 데리고 살아주니 얼마나 고마운지요. 가만히 바라보면 그 여자 곱던 눈가엔 어느새 주름살이 모여들고 꼿꼿하던 어깨도 기울었는데 요즘엔 가끔 안 쓰던 사투리로 언성을 높이기도 하지요. 그럴 때면 글쎄 나도 모르게 벌컥 말대꾸도 한답니다. 물론 금방 시선을 다른 데로 돌리고 기어드는 목소리로 딴청을 부리지만… 그런데 이제는 그런가 봐요. 세월의 강물에 밀려온 게 어디 그런 것뿐인가요? 어느덧 한평생이 꿈결처럼 흘러가서 머리에 하얗게 서리가 내리고 보니, 들숨은 날숨 속에 햇살은 그늘 속에 녹아들어 기쁨과 슬픔, 사랑과 미움이 별로 다르지 않은 것 같네요. 아 그래요, 누군가 그랬지요, 모든 게 불이_{不二}요 유심조_{唯心造}라고…

-「고백」전문

  퇴직 후 별로 하는 일 없이 집에서 빈둥거리는 자신을 돌아보니 노년의 일상이 정말 별것이 아닌 것 같습니다. 퇴직 전에는 직장 다닌다는 이유로 생활에 서툴고 무력한 것들이 허용되었지만, 이제는 아무일도 하지 않는 나와는 달리 아내는 여전히 모든 집안일을 도맡아 하는 걸 보면 미안한 생각도 들었습니다. 그럼에도 가끔 엉뚱하게 언성을 높일 때면 아내는 퍽 속이 상했겠지요. 그런데 그 모든 것들이 이제

인생의 저녁 놀빛 속에서 아물거리며 잦아드는 것을 보면, 젊은 시절 이분법적으로 맞다/틀리다, 혹은 좋다/싫다를 철저하게 구분하던 것들이 별것 아니라는 게 느껴져서 그것을 그냥 쉽게 적어 본 것입니다. 그런데 이런 일상의 풀린 생활 얘기가 정말 시가 될까요? 매일 빈둥거리는 내가 시인이라면 과연 시인이란 어떤 존재인가 하는 의문이 들었지요. 그래서 이번에는 시인이라는 제목을 먼저 정해놓고 그냥 줄글로 써 보았습니다.

    시를 한자로 쓰면 말의 사원이지요. 사원은 인간과 신이 만나는 곳, 그러니까 시는 인간과 신이 만나는 집이네요. 그런데 인간은 죽음의 존재이고 신은 영원의 존재이니 시는 죽음이 영원을 만나는 집이군요. 그렇다면 시를 짓는 시인은 죽음의 칼로 영원의 나무를 베어 집을 짓는 목수가 아닌가요, 존재의 집을 짓는…

- 「시인」 전문

  개론서에는 시라는 명칭에 대해서 다양한 설명을 하고 있습니다. 예컨대 영어의 poetry는 그리스어의 poiesis에서 유래되어 창조, 창작이라는 뜻이 내포되어 있다거나, 독일어의 Dichtung은 동사 dichten의 명사형이어서 긴 산문적인 내용을 짧게 압축하여 나타낸다는 의미라고 하고, 한자의 詩는 言+持, 즉 뜻을 나타내는 言에 소리를 드러내는 持를 합친 형성문자라고 설명하지만, 나는 詩라는 글자를 파자(破字)하여 詩=言+寺, 즉 말(言語)의 寺院으로 보고 나름대로 해석

해 본 것입니다. 사원(temple)은 인간이 신을 만나는 집이지요. 그런데 인간은 죽음의 존재(mortal)이고 신은 영원의 존재(immortal)이니 시라는 언어의 사원은 결국 죽음(인간)이 영원(신)을 만나는 집이 됩니다. 그렇다면 시인이란 그런 집(寺院)을 짓는 목수일 테니 죽음의 칼로 영원의 나무를 베어 존재의 집을 짓는 사람이라고 상상해본 것이 이 작품입니다.

제3부, 꿈속의 잠깐

나이가 들어보니 머릿속에 떠오르는 기억들이 실제였는지 꿈이었는지 헷갈릴 때가 있습니다. 꿈속의 장면이었다면 그것은 무의식에 남은 잔상일 것이고 실제였다면 의식의 흔적일 텐데, 그것이 구분되지 않고 헷갈린다는 것은 의식과 무의식의 경계가 애매하거나 지워졌다는 뜻이 되겠지요. 그런데 결국 예술이란 게 무엇인가요? 고전적으로 말하면 모방술이고 무엇을 모방하느냐는 것은 이데아의 모상인 세계를 모방하는 것이라고 플라톤은 말하지만, 생각해보면 시인은 자신의 내면에 떠오르는 심상을 언어로 드러내는데 그 심상(감각상의 기억)의 저장소가 의식에 있느냐 혹은 무의식에 있느냐에 따라 실제와 꿈으로 구분이 될 것입니다.

나는 꿈 일기를 씁니다. 일기는 저녁 잠자기 전에 하루 동안 겪은 사실을 기록하는 것이지만, 꿈 일기는 잠이 깨는 아침에 지난밤 잠 속에서 만난 것들(꿈)을 기록하는 것이지요. 그렇게 보면 전자는 의식 세계에서 일어난 객관적 사실의 기록이고, 후자는 무의식 세계에서 만나는 주관적 진실의 기록이라 할 수 있습니다. 그래서 나는 이 두 가지를 마치 "일어난 일의 기록"을 역사, "일어날 수 있는 일의 기록"을 문학이라고 구분한 아리스토텔레스를 흉내 내어, 일기는 역사이고 꿈 일기는 문학이라는 생각을 하면서 꿈 일기를 쓰는 것입니다. 그렇지만 꿈의 내용을 그대로 기록한 꿈 일기가 그 자체로 시(문학 작품)가 될 수 있는 것은 물론 아닙니다. 그냥 꿈을 그대로 그려낸 것, 즉 모방(mimesis)이 창작(poiesis)이 되려면 거기에는 만드는 기술(ars)이 더해져야 하기 때문에 꿈 일기도 그것이 시가 되기 위해서는 원석(原石) 그대로가 아니라 약간의 제련과정(作詩)이 필요하고, 그 과정을 거쳐야 하나의 작품으로 완성될 수 있다고 생각합니다.

어쨌든 꿈은 우리의 무의식을 드러내 보여주는데, 무의식 세계는 의식 세계보다 훨씬 더 크고 깊다고 합니다. 의식은 이성의 통제를 받아 논리적인 질서를 보이지만, 무의식은 아무런 통제나 간섭을 받지 않은 그야말로 원석(原石)이어서 원형적(archetypal)인 것이라 할 수 있지요. 그런 무의식을 드러내는 꿈 중에서도 아주 크고 깊은 원형적인 꿈의 표현을 나는 신화나 종교 혹은 예술이라고 생각합니다. 예컨대 성경의 창세기나 그리스 신화는 물론이고, 단테나 괴테 혹은 피카소나 샤갈의 작품까지도 그러한 무의식에 기반하고 있다는 생각이지요. 말하자면 무의식의 언어(미토스/신화언어)를 의식의 언어(로고스)로 번역해 낸다면 그것이 예술작품(시)이라는 것입니다. 그런 의미에서 시는 꿈의 표현인 신화이고, 시인은 신화를 만드는 사람이라고 할 수 있습니다.

들판을 걷는데 뒤쪽에서 커다란 시조새가 너울너울 날아온다. 약간 무섭다. 옆의 친구가 반갑게 새의 머리를 쓰다듬어 준다. 나도 용기를 내어 왼손을 내민다. 새는 빙그르 돌아서더니 큰 부리로 내 손을 문다. 아프지가 않다. 조금 겁이 나지만 나도 새를 쓰다듬어 주려고 오른손을 내민다. 새는 크고 부드러운 손으로 내 손을 잡는다. 감촉이 따뜻하고 좋다. 고개를 들어 보니 눈이 맑고 기품 있는 백인 여자, 에바 부인이다. 그녀는 은은하게 미소 지으며 내 손을 놓고 옆의 친구와 함께 돌아선다. 웬일인지 나는 꼼짝 못하고 멀어지는 뒷모습을 바라보며 목이 멘다.

- 「꿈속의 잠깐(5)-데미안」 전문

언젠가 나는 시조새가 등장하는 꿈을 꾼 적이 있었습니다. 그런데 나중에 그것을 기록했던 꿈 일기를 읽어보니 예사롭지 않은 느낌이 들어서 몇군데 첨삭을 하여 정리한 것이 바로 이 작품입니다. 여기 등장하는 시조새는 책이나 그림으로나 보았지 실제로는 한 번도 본 적이 없는 중생대의 하늘을 나는 익룡(翼龍)이지요. 나는 어린아이들이 공룡에 열광하는 까닭은 아마도 인류의 먼 조상이 경험했던 크고 무서운 공룡의 이미지가 무의식에 각인되었기 때문이 아닐까 하는 생각을 합니다. 그렇다면 나의 꿈속에 등장한 시조새도 아득한 세월을 건너와 내 무의식에 나타난 원형적 이미지라 할 수 있겠지요. 특히 그 새가 에바 부인으로 변하고, 함께 들판을 걷던 옆의 친구가 데미안이라고 생각하니 그 꿈은 예사롭지 않은 신화의 한 장면이 되는 것 같았습니다. 에바 부인은 헤르만 헤세의 소설 『데미안』에 나오는 데미안의 어머니로서 매우 기품 있고 아름다운 부인인데, 학생 시절 나는 그녀에게서 매우 신비하고 강한 아름다움을 느꼈으며 그녀의 이미지는 내게 퍽 이상적인 여성성의 모델이자 나의 <아니마>였지요.

 이 꿈속의 나는 들판을 걸어가는 지상적 존재입니다. 그렇다면 나의 뒤쪽에서 너울너울 날아오는 시조새는 하늘에서 온 천상적 존재이지요. 나는 그 새에게 두려움을 느낍니다. 그런데 옆에서 함께 걷는 친구(동반자이며 인도자)는 새를 쓰다듬어 줍니다. 그것을 보고 나도 용기를 내어 조심스럽게 왼손을 내밉니다. 왼손은 우뇌(감성)에 연결되어 나의 감성의 반응을 나타내는 것이라 할 수 있지요. 새는 빙그르르 돌아와 큰 부리로 내 손을 무는데, 물어도 아프지 않음을 확인하고 나는 오른손(좌뇌/이성)을 내밀어 쓰다듬으려 합니다. 그때 시조새는 크고 부드러운 손으로 나의 두 손을 한꺼번에 마주 잡습니다. 감촉이 따뜻하고 좋습니다. 고개를 들어 보니 내 앞에는 시조새가 아니라 눈이 맑고 기품 있는 백인 여자, 에바 부인이 서 있었습니다. 아, 내가 아름다운 에바 부인과 손을 마주 잡고 있다니…! 이것은 나약한 지상적 존재인 나와 크고 강한 천상적 존재와의 <인카운터(참 만남)>의 장면이 아닌가요? 이런 만남은 더 이상 다른 느낌이 끼어들 수 없는, 한 마디로 <논 플루스 울트라(더 이상 최고는 없다)>이지요. 그런데 에바 부인은 내 손을 놓고, 내 친구(데미안)와 함께 돌아서서 걸어갑니다. 그들이 멀어지는 뒷모습을 바라보면서 나는 웬일인지 꼼짝 못하고 그 자리에 서서 목이 멥니다. 이 장면은 아마도 나의 깊은 무의식 속에서 천상(이상)을 그리워하면서도 지상(현실)에 발이 묶여 있는 나의 모습을 보여주고 있는 게 아닌가 생각됩니다. 그래서 나는 이 시조새와 만났던 그 꿈 일기를 [꿈속의 잠깐]이라는 연작시의 하나로 써 본 것입니다.

    나는 보납산 기슭에서 용을 만난다. 석양에 비늘이 번쩍이지만 강을 바라보는 눈길은 온화하다. 비스듬히 앉아서 "산은 태고를 자랑하고 강은 세월을 밀어내고 있다"면서 나를 돌아본다. 나는 번갯불에 타서 검게 휘어진 감태나무 지팡이를 준다. 천천히 일어나더니 용은 허리를 구부려 안개 자욱한 신선봉으로 잦아든다. 웬일인지 목이 메어 눈을 떠보니 산도 강도 사라지고 창가에 감태나무 지팡이만 기대어있다.
                                                 - 「꿈속의 잠깐(12) -감태나무 지팡이」 전문

    여기 나의 꿈속에 등장하는 용은 동양철학자 송항룡 선생입니다. 그는 노장사상을 전공한 교수로서 40대 초반부터 서울을 벗어나 가평의 시골로 들어가서 사유와 저술로 살았는데 얼마 전에 별세했습니다. 처음 그의 시골집을 방문했을 때 받았던 충격적인 인상을 잊을 수 없어서 나는 그가 쓴 책을 열심히 읽고 그의 사상을 배우며 수년간 서신을 교환하기도 했습니다. 건강이 좋지 못해 서울 근교로 거처를 옮겼을 때 연수장(延壽杖)이라는 지팡이를 구해서 드렸는데 그것을 꿈으로 꾼 적이 있어서 그때 썼던 꿈 일기를 시로 다듬어 본 것입니다. 이 시의 "천천히 일어나더니 용은 허리를 구부려 안개 자욱한 신선봉으로 잦아든다."는 구절은 어쩌면 예지몽처럼 그의 죽음을 앞질러 본 것 같았습니다. 여기 등장하는 보납산과 신선봉은 그가 살던 가평군 설악면에 있는 지명으로 그의 저서 [노자가 부른 노래] 225쪽에 나옵니다. 그리고 恒龍이라는 그의 이름 때문에 아마도 꿈속에서 그가 용으로 등장한 것 같습니다. 용은 그 생김새만으로도 가까이 할 수 없는 두려움을 줍니다. 천둥과 번개를 일으키는 그의 능력은 신묘하고 압도적이고 특히 번쩍이는 비늘은 물고기의 그것과는 전혀 다른 일종의 철갑처럼 강렬한 느낌을 줍니다. 그런데도 "석양에 비늘이 번쩍이지만 강을 바라보는 눈길은 온화하다"고 쓴 것은 그 용이 그의 인품과 겹쳤기 때문이지요. 그리고 그가 나를 돌아보며 하는 "산은 태고를 자랑하고 강은 세월을 밀어내고 있다" 말은 나의 존재를 더 하잘것 없는 것으로 깨닫게 해주는 말입니다. 나는 용기를 내어 연수목(延壽木) 지팡이를 그에게 주었는데 용은 안개 자욱한 신선봉으로 잦아듭니다. 신선봉은 실제로 그가 살던 곳의 산이지만 그 명칭이 神仙峰이므로 신선의 땅이지요. 그러니 이 장면은 용이 선계(仙界)로 잦아드는 모습입니다. 목숨의 연장을 위해서 의미를 부여한 감태나무 지팡이는 한갓 인간의 바람일 뿐이어서 잠을 깨어보니 그것은 창가에 그냥 기대어져 있다는 것입니다.

제4부, 젊은 날의 흑백사진

여기에는 등단 이전 60년대(1964~69)에 쓴 습작시 스무

편을 소환했습니다. 풋풋했던 젊은 날이 그리워 흑백사진을 들여다보는 심정으로 불러왔는데 지금 읽어보니 그때는 철없이 마치 무슨 삶의 고뇌를 짊어진 듯한 포즈로 사회를 비판하거나 혹은 갓 이성에 눈뜬 소년처럼 센티멘탈한 감정을 그대로 드러낸 것들이 대부분이었습니다. 누구나 습작기에는 그런 감정 과잉의 글을 쓰기 쉽지만, 일단 강을 건너면 배를 버려야 하듯 그런 습작들은 없애버리려고 생각하고 덮어두었는데 노년의 감상이 발동해서 그런지 다시 읽어보고 싶어서 불러왔습니다.

季節이 어는 가슴으로/ 깡마른 창자를 게워내고/ 비 새어/ 젖어드는 骸骨에선/찢어진 달력이 펄럭이는데// 밤은/ 긴 産室의 아픔처럼/ 肉身을 누비면서 꿈틀대는 곳// 우리는 濁流하는 文明의/ 失笑에서/ 攝養과 排泄의 美學을 찾아/ 몇 寸의 발돋움을 하는 것이다// 그것은 핏발 서린/ 忍苦의 다리/ 차라리 諦念은 寢臺 속의 安住이나/ 骨髓로 陳腐해드는 毒物// 向日하는 植物의 목줄기처럼/ 가난한 歲月의 그늘에서/ 우리는 다만/ 壁을 뚫어 窓을 내는 것이다// 빗살만큼 스미는 薄明이/ 呻吟하며 허리로 흘러내리고/ 밑으로는/ 月經의 핏깔보다 진한 어둠이/ 怪聲되어 흐르는/ 混沌이 내일을 배는 子宮// 비 새어 젖어드는 骸骨에선/ 찢어진 달력이 펄럭이는데/ 季節이 어는 가슴으로/ 꾸준히 오늘을 숨 쉬어 온/ 우리는 한 그루 忍苦의 나무/ 向日에의 念願 불타오르는…

-「淸溪川」 전문

이 습작은 대학 1학년 가을, 당시 경복궁에 있던 미술관에

국전 구경을 갔다가 무명의 젊은 화가의 그림 <청계천>을 보고 쓴 것입니다. 요즘의 청계천은 맑은 물이 흐르는 서울 중심의 자랑스러운 명소이지만, 60년대에는 대단히 지저분하고 더러운 하천이었습니다. 옛날 조선의 한양 천도 후 원래의 자연 하천을 준설하고 석축을 쌓아 홍수를 막고 하수를 흘려보내던 깨끗한 개천이었다는데, 6.25전쟁으로 폐허가 된 서울이 수복되면서 청계천 주변은 집이 없는 사람들의 판자촌이 되었고, 그로 인해 온갖 쓰레기와 생활폐수 때문에 이루 말할 수 없을 만큼 더럽게 오염된 하천이 되었지요. 그래서 당시 시대상을 반영하는 풍경으로 화가들이 그곳을 화폭에 담곤 했습니다. 나는 고교 시절 등하교 때 동대문 옆의 오간수다리를 건너다니며 당시 청계천 변의 비참한 판자촌의 실태를 보았기 때문에 그 그림이 실감 나게 다가와서 그때의 느낌을 시로 써보았는데, 좀 과격한 언어로 어둡고 힘든 현실을 비판적으로 묘사하고 있습니다. 그리고 한자어를 많이 사용했던 것은 좀 유식해 보이려는 치기(稚氣)가 아니었나 싶습니다.

   그리고 다른 한편으로는 과격하고 비판적인 면과는 달리 연약한 소년티를 그대로 드러낸 감상적인 습작도 많았는데, 예를 들면 이제 막 이성에 눈뜨는 사춘기의 감성이 빚어낸 것들이었지요.

   그것은 어쩌면/ 내 귓불에 와 멎는/ 연한 바람일 것이다// 나의 視面으로 기대어오는/ 머언 鐘의/ 긴 그림자// 그것은 철 잃은 나비 하나/ 나래 파닥여 부딪는/ 여린 鐘소리일 것이다//喉頭에 마른 언어/ 몹시 피로한/ 그것은 여지껏 못 피워본// 한 송이 작은/ 풀꽃일 것이다/ 내 幻覺의 날개일 것이다// 조용히 사위어가는/ 日沒일 것이다// 나빌 부르는/ 연연한 꽃의 몸짓/ 내 靈魂의// 기껏해야 그것은/ 꺾인 날개의/ 파닥임일 것이다// 어쩌면 지금/ 나의 긴 그림자를 흔드는/ 머언 鐘소리일 것이다.

- 「그리움」 전문

 당시 이성에 대한 그리움을 내 딴에는 절제된 언어로 묘사해 본 작품이지요. 절제한다고 했지만 사실은 감상적인 언어로 그려낸 시편들에는 습작기의 센티멘탈리즘이 그대로 노출되고 있습니다. 그 시절에는 지나간 모든 것이 그리움의 대상이었지요. 그 중에서도 특히 이성에 대한 감정은 마치 투명한 크리스탈처럼 반짝이곤 했습니다. 예컨대 유년주일학교에서 보았던 '예쁜 새들 노래하는 아름다운 갈릴리'를 부르던 빨간 리본의 계집애, 중학생 때 흑백영화 속에서 처음 본 여배우 잉그리드 버그만, 고등학생 때 전차 안에서 꼭 한 번 마주쳤던 맑은 눈빛의 갈래머리 소녀… 그런데 나중에 그들을 향한 나의 심경 즉 그리움이란 게 무엇인가를 생각해 보니 그것은 "귓불에 와 멎는 연한 바람"이고, 나비 날개로 "파닥여 부딪는 여린 종소리"이며, "사위어가는 일몰"이고 나의 "그림자를 흔드는 먼 종소리" 같은, 마치 산 너머 저쪽을 향한 센티멘탈리즘이었던 것입니다. 그런데 그때 쓴 몇 편의 소품, 예컨대 [봄], [가을 이미지], [너의 눈썹] 등은

십여 년이 지난 후 [현대문학]지에 추천작품이 되어 첫 시집에 수록하기도 했는데, 그때 남았던 소품 하나를 지금 다시 소환했습니다.

> 하얀 구름이 하늘에 떠 갑니다.//하늘은 호수 속에서 조용히 흔들립니다.//나는 湖面에 흐르는 구름을 보고 있습니다.//햇살이 등에 따사롭고//누군가 멀리서 나를 바라봅니다.
>
> -「序詩」전문

이 시의 화자인 '나'는 지금 호수에 비쳐 흐르는 '구름'을 보고 있습니다. 그런데 여기서 중요한 것은 나(자아)와 호수(세계)가 만나는 '지금 여기의 나'를 멀리서 바라보는 '누군가'의 존재를 내가 느끼고 있다는 점입니다. 이 작품에서 '나'는 '세계(잔잔한 호수에 비친 하얀 구름과 따사로운 햇살)'에 마주하고 있다기보다는 거기에 평화롭게 녹아든 상태이지요. 바로 그때 나는 멀리서(세계 바깥에서) 나를 바라보는 누군가를 느낍니다. 그런데 그 '누군가'는 내가 아는 사람이나 이웃이 아니라 내가 알지 못하는 존재입니다. 다시 말하면 호수에 비치는 '구름(대상)'과 그것을 바라보고 있는 '나(자아)'가 보여주는 장면은 물아일체의 평화로운 풍경인데, 이 풍경 바깥에서 '누군가'가 나를 바라보고 있음을 내가 느끼는 것입니다. 이때 '누군가'는 '나'에게 대상화될 수 있는 존재자가 아니라 그 너머의 존재, 다시 말해서 사물적인 것을 넘어서는 존재라고 할 수 있겠지요. 바로 이 점에 이 소품이

갖는 중요한 의미가 있습니다.

　시를 쓰는 것은 횔덜린의 말처럼 인간의 영위 중 가장 무죄한 일입니다. 그것은 세속의 이해타산을 넘어선 그 자체로서의 의미를 가지는 것이기 때문이지요. 시는 학문이나 도덕 또는 정치나 경제가 아닙니다. 시는 시일 뿐이어서 설득하거나 주장하지 않습니다. 속마음을 감추고 스칠 듯 말 듯 향기를 내지만 소리 내어 말하지 않습니다. 시는 말하지 않는데 해설의 말이 시끄럽게 시를 흩트립니다. 그래서 하이데거는 해설의 언어가 사라져야 한다지 않습니까? 시는 말하지 않는데 나는 그것에 대해서 어쭙잖은 말을 많이 해서 부끄럽습니다. 그냥 이 시집의 표제시 [꽃은 말하지 않는다]를 패러디하여 꽃을 시로 바꾸어 읽으면서, 여든산을 물들이는 저 노년의 놀빛을 바라보며 어쭙잖은 변명을 마칩니다.

　詩는 말하지 않는다./ 엷은 미소나 활짝 웃음으로/ 속마음을 감추고/ 스칠 듯 말 듯 / 향기를 펼치지만, 詩는/소리 내어 말하지 않는다./ 다만 봄이 오는 길목에서/ 날아온 한 마리 나비/ 詩의 눈썹 위에 아찔하게/ 햇살 한 가닥 내려놓고 사라질 때/ 바람에 잠깐 자신을 맡겨/ 몸을 흔들 뿐, 詩는/ 아무 말도 하지 않는다. (*)

꽃은 말하지 않는다

지은이 · 이진홍
펴낸이 · 유재영, 유정융
펴낸곳 · 주식회사 동학사

1판 1쇄 · 2025년 3월 29일
출판등록 · 1987년 11월 27일 제10-149

주소 · 04083 서울 마포구 토정로53 (합정동)
전화 · 324-6130, 324-6131 | 팩스 · 324-6135
E-메일 | dhsbook@hanmail.net
홈페이지 | www.donghaksa.co.kr
www.green-home.co.kr

ⓒ 이진홍, 2025

ISBN 978-89-7190-905-8 03810

저자와의 협의에 의해 인지를 생략합니다.
잘못된 책은 바꾸어 드립니다.